Inhalt

Internet-Telefonie - Mit Skype entwickelt es sich zu einem Massenmarkt

Kernthesen

Beitrag

Fallbeispiele

Weiterführende Literatur

Impressum

Internet-Telefonie - Mit Skype entwickelt es sich zu einem Massenmarkt

M.Westphal

Kernthesen

- Internet-Telefonie ist einer der Haupttreiber der Telekommunikation.
- Der Service-Skype hat wesentlich zur Verbreitung des Kommunikationsmediums Internet-Telefonie beigetragen.
- Die Internet-Telefonie hat sich inzwischen zu einer Multimedia-Plattform entwickelt.
- Viele Fachleute erwarten, dass sich der Skype-Service auf Dauer nicht gegen die wachsende Konkurrenz wird behaupten können.

Beitrag

Die Telefonie über das Internet (Voice over IP) hat sich in den vergangenen Jahren zu einem der Hauptthemen der Telekommunikation entwickelt. Die Technologie hat sich inzwischen deutlich zu einer Multimedia-Messaging-Plattform weiterentwickelt.

Die Internet-Telefonie etabliert sich

Die Internet-Telefonie hat in der Festnetztelekommunikation in den vergangenen Jahren für viel Aufsehen gesorgt und begonnen sich auch im privaten Bereich zu etablieren. Beim Telefonieren über das Internet, auch Voice over IP (VoIP) genannt wird die digitalisierte Sprache in kleinen Paketen über das Internet geschickt, vergleichbar mit dem Versenden von E-Mails oder Webseiten. Jetzt wird sich dieses Kommunikationsmedium auch in der Mobiltelefonie etablieren. (4)

Den wesentlichen Durchbruch

erzielte die Internet-Telefonie durch den Service Skype

Skype gilt bis heute als der Vorreiter der Internet-Telefonie. Bis jetzt gibt es weltweit 220 Millionen registrierte Nutzer und acht Million dieser nutzen diesen Service gleichzeitig. Für 2,6 Milliarden US-Dollar hat eBay im Jahre 2005 Skype übernommen und schreibt mit diesem Service aufgrund kostenpflichtiger Dienste für Anrufe in Mobil- und Festnetze schwarze Zahlen.
Inzwischen ist der eigentliche Hype der Internet-Telefonie aber verflogen, da viele traditionelle Telekommunikationsanbieter auch auf diesen Zug aufgesprungen sind. Auch sie bieten inzwischen IP-Telefonie an oder versuchen auf den Wettbewerb durch Flatrates für Anrufe ins Festnetz zu reagieren. (2)

Skype hat sich zu einer Multimedia-Plattform entwickelt

Vier Jahre gibt es Skype jetzt. In dieser Zeit hat sich das System von einem simplen Peer-to-Peer-Service für IP-Telefonie zu einem komplexen Instant-Messaging-System entwickelt, welches nicht nur

Telefonie ermöglicht. (3)
In der aktuellen Beta-Version 3.5 für Windows umfasst die Software jetzt bereits 22,7 Megabyte an Daten. Es werden inzwischen Telefonate in Fest- und Mobilfunknetz ermöglicht, ebenso wie Telefonkonferenzen mit bis zu neun Teilnehmern aber auch Bildtelefonate. Allerdings ist damit auch der Bedarf an Hardwareressourcen gestiegen. So benötigen Videotelefonate mit ansprechender Qualität Prozessoren mit zwei bis drei Gigahertz Taktrate und eine Grafikkarte mit entsprechender Leistung. Für reine Telefonie reichen aber immer noch sehr "schwachbrüstige" Rechner aus. (3)
Zwar ist noch kein Streamen eigenen Videomaterials möglich, aber der Nutzer kann eine Webcam anschließen, die ein Live-Bild überträgt aus dem sich auch einzelne Bilder abspeichern lassen. (3)
Verschiedene neue Tools erweitern den Nutzen von Skype, so ermöglicht der Pamela Call Recorder die Aufzeichnung von Telefonaten. Sofern ein Gespräch aufgezeichnet wird, wird an den Kommunikationspartner eine entsprechende Nachricht geschickt, um unbemerkte Mitschnitte zu vermeiden. Aber trotzdem ist am Rechner natürlich mit etwas Geschick auch eine Aufzeichnung ohne entsprechende Nachricht an den Partner möglich. (3)
Ebenso gibt es ein Whiteboard auf dem zwei Nutzer gleichzeitig malen können und erste Spiele, die gemeinsam gespielt werden können. Aber auch die

Weitervermittlung von Gesprächen an andere Skype-User ist möglich, auch wenn dieser Dienst wohl eher im geschäftlichen Bereich Anwender finden wird. (3) Der Vorteil an Skype ist, dass es sich elegant beinahe um jede Firewall schlängelt und damit an beliebigen Orten einsetzbar ist. Skype kommt auch mit schlechten Leitungen und niedrigen Bandbreiten gut zurecht, sodass ein Auslandsaufenthalt auch mittels Skype mit günstigen Heimattelefonaten auskommt. Auch ein 56k-Modem erlaubt noch Gespräche in passabler Tonqualität. (3)

In Zukunft wird Skype auch das Telefonieren mit dem Handy unterstützen

Auch wenn es inzwischen viele Stimmen gibt, die erwarten, dass Skype mittelfristig vom Markt verschwinden wird, sieht das Management diese Gefahr nicht. Die Software entwickelt sich ständig weiter und die Kommunikationsmöglichkeiten von Skype verändern sich zu einem Multimedia-Medium, welches auch Handynutzung ermöglichen wird. (2) Gerade die Handytelefonie via Skype stellt für Telekomanbieter eine große Bedrohung dar. Insbesondere Auslandsgespräche könnten im Preis

deutlich fallen oder sogar kostenlos sein, sofern der Angerufene einen Skype-Account besitzt. (2)
Im Falle von Handy-Telefonie via Skype kommen auf den Nutzer allerdings weitere Kosten hinzu. So muss der Kunde bei seinem Provider Datenpakete kaufen über die der angefallene Traffic im Gegensatz zu klassischen Sprachtelefonaten abgerechnet wird. Das könnte dann für Anbieter wie Vodafone aber wieder interessant werden, da sie ihre Einnahmen auf der Datenseite erhöhen könnten. (2) So kann sich mobiles VoIP als neue Einnahmequelle für die Mobilfunkbetreiber entwickeln. (4)
Handy-Nutzer, die sich in der Nähe eines WLAN-Hotspots befinden, können mit ihrem Mobiltelefon oder auch PDA mit dem Skype-Dienst andere Skype-Nutzer kostenlos oder über ein kostenpflichtiges Zusatzangebot auch beliebige Telefonnummern kontakten. Als erstes Gerät hat die Firma Netgear hierfür ein entsprechendes Endgerät entwickelt und vorgestellt, welches wie ein Handy aussieht, aber nicht über die Netze der Mobilfunkanbieter, sondern ausschließlich in WLAN-Hotspots kommuniziert. In diesem Falle spricht man auch von Voice-over-WLAN (VoWLAN). (4)
Aktuelle Handy-Modelle werden häufig schon mit eingebauter WLAN-Schnittstelle und dem Programm SIP-Client ausgeliefert. (4)
Für mobile Internet-Telefonie sind aber nicht nur WLAN-Hotspots eine mögliche Option. Auch

Mobilfunknetze mit entsprechend hohen Datenraten und kurzen Verzögerungszeiten können hierfür genutzt werden. (4)
Für das mobile Internet-Telefonieren gelten insbesondere Geschäftskunden als vorrangige Zielgruppe. Grund hierfür ist vor allem, dass mit diesem Medium auch Funktionen wie Rufweiterleitung oder Konferenzen möglich werden. Es wird aber erwartet, dass die mobile Internet-Telefonie für Privatkunden weniger von Interesse sein wird, da diese zusätzlichen Features nicht benötigt werden und die Gesprächspreise insgesamt noch deutlich sinken werden. (4)
Viele der 200 Millionen Skype-Nutzer haben natürlich auch ein Handy. Im Juni 2007 hat eBay bzw. Skype eine Software gelauncht, die auf Handys wie auch speziellen Festnetztelefonen funktioniert. Dieses "Skype-To-Go"-Angebot ermöglicht Telefonate über den Ortstarif und damit deutlich günstiger als herkömmliche Handy-Telefonate. Bisher ist dieser Service in den USA, Schweden und Großbritannien erhältlich. In Deutschland wird er bald verfügbar sein. Auch wenn viele Telekommunikationskonzerne Skype fürchten, bahnen sich erste Kooperationen mit Mobilfunkunternehmen wie E-Plus in Deutschland an. (6)

Skype basiert auf proprietärer Software und Protokollen

Probleme könnten sich mittel- bis langfristig für Skype aus der ziemlich proprietären Software und ihren Protokollen ergeben. So hat weder Skypes Internet-Telefonie noch die Chatfunktion ein offenes Protokoll. Sobald der Nutzer mit anderen Instant Messagern wie IBC, iChat oder AIM kommunizieren möchte, wird das Skype-Protokoll nicht verstanden. Abhilfe verschafft hier bisher Hilfssoftware. Kostenlos sind Telefonate nur dann, wenn beide Nutzer Skype installiert haben. Ansonsten kann nur über den Umweg Festnetz telefoniert werden und das ist dann nicht mehr kostenlos. (2)
Grund für die proprietäre Skype-Technik ist unter anderem, dass man den Nutzern größtmögliche Sicherheit bieten will. Das ist mit einem geschlossenen Protokoll deutlich einfacher zu gewährleisten, als mit einem offenen. Ebenso schützen die Skype-eigenen Audiocodecs zur Sprachkompression vor der Preisgabe von Firmengeheimnissen. (2)
Inwieweit Skype aber wirklich sicher ist, kann niemand nachvollziehen, da die Protokolle eben nicht OpenSource sind und so die Qualität der Implementation wie auch mögliche Backdoors nicht überprüft werden können. (3)

Aber aus der Proprietarität ergeben sich weitere Vorteile, so müssen die Skype-Entwickler bei der Einführung neuer Funktionen keine Rücksicht auf in Standardisierungsgremien getroffene Kompatibilitäten nehmen. (2)

Viele Fachleute erwarten, dass Skype mittel- bis langfristig vom Markt verschwinden wird

Die IP-Telefonie wird sich mittel- bis langfristig durchsetzen. Ob Skype dann aber noch einer der oder sogar der führende Anbieter sein wird, bleibt abzuwarten. Die große Bekanntheit, die Skype inzwischen erlangt hat wie auch das erfahrene Management und der finanzstarke Eigentümer eBay bilden aber günstige Voraussetzungen hierfür. Ein wesentlicher Grund für das weitere Bestehen von Skype ist auch die große Kontaktbasis der vielen Skype-Nutzer. Sobald ein Nutzer Skype verlässt verliert er auch seine Kontaktbasis. Die Einführung der Gratis-Telefonie hat eine große Nutzerbasis geschaffen und hält diese nun in den Fängen des proprietären Protokolls fest. (2)

Das Medium Internet-Telefonie lohnt sich für den privaten Nutzer nur bedingt

Bisher lohnt es sich für den privaten Nutzer kaum, auf das Medium Internet-Telefonie umzusteigen. Die aktuell angebotenen Flatrates für Festnetz und Mobilfunk sind häufig deutlich günstiger, als der Umstieg auf VoIP. Auch wenn DSL daheim schon vorhanden ist mit einem Aufpreis von durchschnittlich 17 Euro, ist es immer noch günstiger, eines der Flatrate-Pakete dazu zu bestellen. So sind dann alle Internetgebühren und Festnetzgespräche für 40 bis 50 Euro monatlich komplett abgegolten. Häufig ist sogar noch weniger zu zahlen, wenn alternative Anbieter möglich sind. Auch die aktuell z. B. von Base oder Tchibo angebotenen Handy-Flatrates für Telefonate ins Festnetz ermöglichen deutlich günstigeres Telefonieren. (5)
Sparen kann man mit VoIP-Telefonie bei Telefonaten ins Ausland. So kann mit anderen Skype-Nutzern auf der ganzen Welt kostenlos telefoniert werden, also auch von Business-Kunden über ihren Laptop. Alle anderen Telefonate schlagen dann mit etwa zwei Cent pro Minute zu Buche. Außerdem läuft Skype auf allen Taschencomputern mit Wireless-Lan-Unterstützung und Microsoft Betriebssystem. (5)
Skype ist immer darauf angewiesen, das der Rechner,

an den die USB-Geräte angeschlossen sind, auch an ist. Ansonsten laufen Skype-Anrufe ins Leere. Der Stromverbrauch eines ständig laufenden PCs kann am Tag 40 Cent und mehr betragen, was im Monat rund zwölf Euro ausmacht und dann mit 150 Euro pro Jahr zu Buche schlägt. (3)
Die heutige Bundesnetzagentur hat im Oktober 2004 entschieden, dass für Internet-Telefonie keine Rufnummern zugeteilt werden, sofern der Nutzer nicht in dem Ortsnetz wohnt, für das er eine Nummer beantragt. Daher wurde die Einführung einer 032-Vorwahl beschlossen, was genauso eine Sondernummer wie z. B. 0180 und damit aus vielen Netzen nicht erreichbar ist. Außerdem sind diese Telefonate teuer und in vielen üblichen Flatrate-Paketen nicht enthalten. (5)

Gerade für Jugendliche und geschlossene Nutzergruppen ist Skype hervorragend geeignet

Skype eignet sich hervorragend für geschlossene Benutzergruppen wie z. B. für Jugendliche, die es zum Chatten oder Verabreden nutzen. Im alltäglichen Umgang ist der Einsatz eines PC-Programms aber eher schwierig. Hierfür eignen sich viel besser VoIP-

taugliche Schnurlostelefone, die den üblichen Kommunikationsgewohnheiten entsprechen. An einem DSL-Anschluss können aber problemlos beide Optionen parallel betrieben werden.
Gerade für Jugendliche spielt die Videokommunikation eine deutlich größere Rolle als für die ältere Generation, außerdem wird von der jüngeren Generation häufig die Sicherheit angepriesen.
So ist kaum zu erwarten, dass Skype in absehbarer Zeit komplett verschwinden wird, ebenso wenig wird es aber das traditionelle Telefon komplett verdrängen. Allerdings gibt es ernstzunehmende Konkurrenten für Skype, nämlich AIM, ICQ, Combots, Yahoo Messenger oder den Windows Live Messenger, alles Tools, die inzwischen neben Instant Messaging auch Telefonie und Videokommunikation beherrschen. (3)

Skype hat eine deutlich bessere Audioqualität als herkömmliche Telefonie-Medien

Das meistens genutzte Headset zur Telefonie besitzt eine deutlich bessere Audiobandbreite als herkömmliche Telefonhörer, weshalb die Sprachqualität deutlich besser ist. Der höhere

Dynamikbereich lässt die Partner auch deutlich präsenter erscheinen. Hier kommen dann auch die proprietären Skype-Audiocodecs zu Zuge, die eben deutlich besser sind, als herkömmliche Codecs, die sich an den Gegebenheiten der VoIP-Router oder schwachbrüstigen Prozessoren orientieren müssen. Allerdings gelten diese Vorzüge nur, wenn von beiden Nutzern Headsets genutzt werden. Wird nur der PC-Lautsprecher genutzt, entstehen aufgrund des Zeitverzugs Rückkopplungen und damit Echo. Natürlich bietet auch Skype die Möglichkeit, herkömmliche Telefongeräte anzuschließen, allerdings dann mit der Einschränkung in Bezug auf Tonqualität. (3)

Fallbeispiele

Noch vor Ende des Jahres 2007 soll ein neuer Skype-Service verfügbar sein, der Sprachnachrichten in Text umwandelt und diese auf das Handy des Empfängers sendet. Ein Abkommen zwischen Skype und dem Entwickler dieses Dienstes, der Firma SpinVox, ermöglicht die Umwandlung von Skype-Sprachnachrichten in Textnachrichten und das in Deutsch, Englisch, Französisch und Spanisch. Es gibt bisher noch keine Informationen dazu, wie dieser Voice-to-Text-Service abgerechnet wird. (1) China Telecom hat die unerwünschte Skype-Konkurrenz aus seinem Netz einfach ausgeschlossen. So muss der Nutzer dieses Netzes den etwa 25-fach höheren Preis für Auslandsgespräche bezahlen. (3) Ein mit der neuen WLAN-Technik ausgestattetes Nokia-Handy erlaubt die Internet-Telefonie. Meldet der Nutzer sich z. B. bei Sipgate an kann er zwischen verschiedenen Tarifen wählen. Hinter Sipgate steckt die Firma Indigo Networks GmbH in Düsseldorf mit 20 Mitarbeitern. Sie wurde kürzlich von der Stiftung Warentest für den Einstieg in die Internet-Telefonie empfohlen. Wenn man sich für den Tarif Sipgate Classic ohne Grundgebühr, Mindestumsatz und Vertragslaufzeit entscheidet, bekommt man, sofern man in großen Städten wohnt, deren Vorwahl. Ansonsten gibt es eine 0180-Vorwahl. Zwar gibt es keine Wunschrufnummern, aber der Nutzer kann aus einem größeren Nummernblock wählen. Die Installation auf dem Nokia-Gerät gestaltet sich aber als schwierig. Hat man den recht umständlichen Installationsprozess erfolgreich durchlaufen, ist man unter der deutschen Nummer auch im Ausland ohne Roaming-Gebühr erreichbar. Die Kosten für Telefonate ins deutsche Festnetz betragen ab 1,79 Cent pro Minute und 16,9 Cent ins Mobilnetz. Zwar beginnen Auslandsgespräche bei 1,9 Cent, liegen im Mittelfeld aber bei 30 60 Cent. (5)

Das im Juni 2007 vom Anbieter Euro Design vorgestellte Gerät Mobigatar ist ein Gateway zwischen Handy und Skype. Es überträgt Skype-Anrufe auf das Handy und arbeitet auch in umgekehrter Richtung. So werden kostenlose SkypeOut-Gespräche unabhängig vom Standort möglich. Es wird keine zusätzliche Software benötigt. Mobigatar wird an den USB-Port des PCs angeschossen und leitet dann die Skype-Anrufe auf das entsprechende Handy weiter. (7)
Skype passt sich an die unterschiedlichen Netzwerkgegebenheiten sehr gut an, was für einen Netzwerkadministrator die Problematik aufwirft, dass Skype-Verkehr nicht wirklich zuverlässig unterbunden werden kann auch wenn es aus Gründen der Netzsicherheit geboten erscheinen könnte. (3)

Weiterführende Literatur

(1) SpinVox hilft Skype aufs Handy
aus tecChannel.de Online, Meldung vom 02.08.2007

(2) Dambeck, Holger, Das Schreckgespenst der Telekoms, Spiegel Online, 27.07.2007
aus tecChannel.de Online, Meldung vom 02.08.2007

(3) Skype wird zum Multimedia-Messenger
aus c't - Magazin für Computertechnik, 16/2007, S.

(4) Angebote für Geschäftskunden interessant VoIP erobert das Handy
aus HANDELSBLATT online 06.07.2007 15:15:00

(5) Das Abenteuer Voice over IP
aus Frankfurter Allgemeine Zeitung, 19.06.2007, Nr. 139, S. T2

(6) Ausbau des Geschäfts Skype drängt aufs Handy
aus HANDELSBLATT online 13.06.2007 13:53:12

(7) Gateway zwischen Handy und Internet macht Skypen überall möglich
aus "Computerwelt" Nr. 13 / 2007 vom 27.06.2007

Impressum

Internet-Telefonie - Mit Skype entwickelt es sich zu einem Massenmarkt

Bibliografische Information der deutschen Nationalbibliothek

Die Deutsche Nationalbibliothek verzeichnet diese Publikation in der deutschen Nationalbibliografie; detaillierte bibliografische Daten sind im Internet über http://dnb.d-nb.de abrufbar.

ISBN: 978-3-7379-0332-5

© 2015 GBI-Genios Deutsche Wirtschaftsdatenbank GmbH, Freischützstraße 96, 81927 München, www.genios.de

Alle Rechte vorbehalten. Dieses Werk ist einschließlich aller seiner Teile – z.B. Texte, Tabellen und Grafiken - urheberrechtlich geschützt. Jede Verwertung außerhalb der Grenzen des Urheberrechtsgesetzes bedarf der vorherigen Zustimmung des Verlags. Dies gilt insbesondere auch für auszugsweise Nachdrucke, fotomechanische

Vervielfältigungen (Fotokopie/Mikroskopie), Übersetzungen, Auswertungen durch Datenbanken oder ähnliche Einrichtungen und die Einspeicherung und Verarbeitung in elektronischen Systemen.